AF211149

HANNS-DIETHELM BLUNCK
Über die Scham. Zwei Stücke

Hanns-Diethelm Blunck

Über die Scham
Zwei Stücke

Der Autor:
Hanns-Diethelm Blunck, 1972 Abitur, bis 1979 Studium der Philosophie, Germanistik, Psychologie und Pädagogik an den Universitäten Lüneburg und Hamburg, danach kaufmännische sowie Verwaltungsausbildung; Veröffentlichungen: in schwerer see zuhause, Spontanlyrik.

Herstellung: Libri Books on Demand
ISBN 3-89811-386-8

Die nackte Frau.
Monolog

Ich bin, wie Sie sehen, nackt. Mein Nacktsein ist, obwohl ich es Ihnen in dieser unprätentiösen Form präsentiere, dennoch sehr provokativ. Denn indem ich nackt bin, trete ich ein für die Scham. Alles was ich Ihnen sagen will, wird eher von Scham als von Nacktheit handeln.
Und dennoch bin ich nackt. Nicht in dem Sinne nackt wie eine Playmate im Playboy nackt ist (obwohl bei Ihnen im Publikum auch sicherlich einige Zuschauer dabeisitzen, die mich ebenso geil betrachten wie Sie ein Pornofoto anschauen), aber dennoch bin ich nackt, und wie diese Tatsache bei Ihnen aufgenommen werden wird, dem kann ich mitnichten steuern. Es wird ein Skandal ohnegleichen besonders durch die Boulevardpresse entfacht werden, daß sich hier eine Schauspielerin in dieser Form dem Publikum präsentiert. Sehr viele von Ihnen sind sicher aus Neugier hier, weil Sie mich schon immer mal nackt sehen wollten oder weil es so schön ist, seine voyeurhaften Neigungen hier ausleben zu

können. Na bitte, hier bin ich. Sehen Sie sich alles nur genau an! Meine Brüste, meinen Bauch, meinen Po, meine Scham. Sie werden heute noch viel Gelegenheit haben, sich meine Körperlichkeit genauestens anzusehen. Wie Sie sehen, bin ich von den Scheinwerfern auch sehr gut ausgeleuchtet, und Sie selbst befinden sich im Dunkeln, so daß Sie womöglich voll auf Ihre Kosten kommen.

Es sei denn, Sie finden mich gar nicht hübsch, denn wie Sie sehen, bin ich zwar noch nicht ganz alt, aber auch nicht mehr ganz jung. Für einige der Anwesenden bin ich so alt wie deren Mütter und ich weiß nicht, ob sie ihre Mütter so ausführlich nackt betrachten konnten und durften wie Sie es jetzt in meinem Fall tun dürfen.

Der Autor hatte nie daran gedacht, daß so eine Aufführung wie heute jemals zustande kommen würde, weil er nicht damit rechnen konnte, eine Dumme wie mich zu finden, die bereit ist, sich selbst zu opfern, um die Botschaft dieses Stückes zu verbreiten. Denn eine Opferung meiner Person stellt mein heutiges Unterfangen auf alle Fälle dar!

In frühen heidnischen Kulturen besaßen die Hohepriesterinnen durch ihre Körperlichkeit Macht über das gemeine Volk.

Nackt durften nur die Erwählten die Priesterinnen betrachten.

In den Theatern gab es schon immer sehr viele Nuditäten, aber diese waren entweder sehr frivol und spielerisch oder aber von typisch deutschem (Bier-) Ernst.

Mit dem, was ich heute hier mache, läßt sich dies alles nicht vergleichen. Wenn Sie so wollen, demütige ich mich vor Ihnen, um die Botschaft, für die dieses Stück steht, an den Mann oder die Frau zu bringen.

Es ist bewußt Absicht des Autors, es einer Schauspielerin wie mir aufzubürden, für die Sache, um die es geht, diese Selbstdemütigung auf sich zu nehmen, der ich mich augenblicklich unterziehe.

Glauben Sie bitte nicht, daß es leicht fällt, sich so wehrlos, wie es mir gerade geschieht, fremden Blicken auszusetzen. Es gibt auch keine Distanz zwischen mir und der Rolle, die ich spiele. Ich präsentiere mich Ihnen nackt, alles an mir bin orginal ich. Sie sehen meinen Körper in einer Intimität und Intensität wie selbst mein Mann nicht.

In der Mentalität besonders von Männern ist es so, daß man glaubt, eine Frau zu besitzen, die man nackt gesehen hat. Aber dennoch geschieht eigentlich heute hier nichts Sexuelles, auch wenn es von einigen von Ihnen so interpretiert werden kann.

Der Autor weiß allerdings um das nebulöse Konglomerat von Sexualität und Nacktheit und hat dieses Stück dazu bestimmt, es Ihnen klar zu machen. Aber meine Rolle dabei ist vordergründig keine sexuelle, sondern ich bin die große Akklamatorin, die Propagandistin der Scham.

Es ist wahrscheinlich irritierend für Sie, wenn ausgerechnet ich Ihnen von Scham spreche, obwohl ich mich hier offensichtlich gerade schamlos verhalte.

Zum Beispiel weiß ich auch noch nicht, wie ich selbst damit klarkommen werde, daß jeder, der hier seinen Eintritt bezahlt, mich nackt sehen darf.

Oder wie mein Mann damit klarkommt, wenn ich von allen Männern, die ein wie auch immer geartetes Interesse daran haben, mich so ansehen dürfen. All unsere gemeinsamen Freunde, Nachbarn, die mich nur flüchtig kennen, und andere Neugierige sind sicherlich auch heute hier, um mich zu sehen.

Und es wird sich etwas in der Beziehung zwischen meinem Mann und mir und in der Beziehung zu anderen Menschen verändern.

Dies wird ja so oft in den Medien ganz verschwiegen, daß es Wirkungen gibt für Frauen, die sich irgendwo nackt gezeigt haben, mit denen so vorher nicht gerechnet wurde. Die auch von denen, die die Veranlasser waren, die Drahtzieher, nicht so erwartet wurden oder aber es wurde von diesen Wirkungen geschwiegen, obwohl sie bekannt waren.

Ich weiß nicht, ob ich meinen Entschluß, hier nackt aufzutreten, nicht noch riesig bereuen werde, ob nicht meine Beziehung daran zerbricht, ob nicht meine Karriere kaputtgeht usw. usw.

Und dennoch, auch gegen alle Vernunft, habe ich es getan.

Dazu gehört Mut! Ich bin nämlich ein schamhafter Mensch, keineswegs eine FKK-Anhängerin oder Gemischtsauna-Besucherin.

Ich laufe auch nicht oben ohne am Strand herum. So wie Sie mich erleben war bisher ein Privileg weniger, im wesentlichen meines jeweiligen Partners, aber auf keinen Fall hatte ich jemals daran gedacht, mich nackt in der Öffentlichkeit zu präsentieren. Das ist auch für mich eine Tabuverletzung, ein furchtbares Sakrileg, daß niemals wieder rückgängig zu machen ist. Ich bin mir auch bewußt, daß ich mich vielleicht nur lächerlich mache und mich furchtbar blamiere, aber letztenendes nichts erreiche. Aber diese ganzen Vorüberlegungen einbegriffen, habe ich mich dennoch zu diesem Auftritt entschlossen.

Denn existentiell betrachtet bietet sich mir die Gelegenheit, mich dieser Anforderung zu stellen, einer namenlosen Masse mich auszusetzen, allen schwadronierenden Gedanken und Gefühlen von Geilheit bis Mitleid. Ich bin jetzt Ihnen gegenüber wehrlos. Durch meine Entscheidung habe ich mich Ihnen gegenüber freiwillig in die gleiche Wehrlosigkeit und

10

Ohnmacht versetzt, in die die Juden im Dritten Reich kurz vor ihrer Vernichtung unfreiwillig getrieben wurden.

Auch ich fühle ein Stückweit Vernichtung, die automatisch mit der empfundenen Ohnmacht einhergeht! Ich wurde von den umherschwirrenden Empfindungen regiert, im Augenblick herrscht ein ungeheures Ausmaß an Übermächtigung, gerichtet gegen meine Person, wie es wohl sonst nur unfreiwillige Opfer empfunden haben.

Meine Opferung dagegen ist freiwillig und tut deshalb dennoch nicht weniger weh. Durch das, was ich bisher ausgesagt habe, ist wohl allen Anwesenden klar geworden, daß ich mitnichten eine Exhibitionistin bin, ein Peepshow-Girl oder eine Stripteasetänzerin. Die Art, in der ich Ihnen Einblick in meine Nacktheit und Ausblick auf meinen Leib gewähre, · unterscheidet sich fundamental von der Art und Weise, wie bezahlte Tänzerinnen sich gezielt schamlos präsentieren.

Schon darin unterscheidet sie sich, daß ich als Opfer nicht sprachlos bin, sondern sehr beredt über meine Situation rede, daß ich es nicht als

Lust und Sinnenspiel betrachte, hier nackt zu stehen, sondern als Selbstaufopferung bis an den Rand der Vernichtung.

Selbst in den Augen der radikalsten Feministinnen, kann dies hier nicht als kommerzielle Fleischbeschau gelten oder als Ausbeutung der Frau. Wenn überhaupt kann ich an dieser Stelle nur von meiner Selbstausbeutung sprechen. Zwar ist dieses Stück der Anlaß für meine Nacktheit und somit der Autor Schuld an meiner Lage, aber die Entscheidung, es auf mich zu nehmen, kommt allein von mir und sie hat alles andere als exhibitionistische oder gar pekuniäre Gründe.

Mir selbst flößt, was ich mir selbst antue, Angst ein. Angst davor, im Anschluß an diesen Auftritt wieder ins "normale" Leben zurückzukehren. Durch meine heutige Tat habe ich mich soweit aus der Normalität herauskatapultiert wie sonst nur selten ein Mensch. Wenn man in Zukunft an mich denken wird, wird man an mich im Zusammenhang mit diesem Stück denken und man wird mich, ganz gleich, welche Entwicklung ich mittlerweile genommen haben sollte, nackt denken.

Mein Mann wird seine Erinnerung an meinen Leib mit vielen vielen anderen Menschen, teilweise mit Kindern, teilen müssen und ich selbst werde bestimmt des öfteren nachts schweißgebadet erwachen, weil die vielen geilen, lüsternen und zerstörerischen Gedanken, die sich von nun an auf ewig mit meiner Person verbinden werden, mich einholen.

Anderen Frauen, die ebenfalls Opfer gewesen sind, ist es auch schon so gegangen, egal ob sie Opfer von Vergewaltigern oder von Fotografen oder von Pornoproduzenten waren, aber in dieser extremen Form wie mir ist es nur wenigen Frauen, wenn überhaupt, so gegangen.

Bei vielen von Ihnen wird sich der Gedanke einstellen: Die kann doch denken, die sieht gut aus, ist gesund: Warum macht die das, warum zieht sie sich hier selbst den Boden unter den Füßen weg, verdirbt sich selbst, nur weil ein Autor dies will.

Zunächst muß ich dazu sagen, daß der Autor an meiner Lage nur indirekt schuld ist; er selbst hat sich nur als Gefäß empfunden, in das die Gedanken dieses Stückes mit Macht hineingesprudelt sind.

Wie gesagt war dieser Monolog nicht unbedingt dazu bestimmt, tatsächlich theatralisch umgesetzt zu werden, sondern war zuvörderst als reiner Lesetext gedacht. Nur durch meine pure Freiwilligkeit und durch die Überzeugungskraft des Regisseurs ist das möglich geworden, was Sie jetzt sehen.

Denken kann ich in der Tat und gerade diese Fähigkeit hat mich bewogen, zu dieser Rolle ja zu sagen. Es ist so einfach zu sagen, man/frau könne empfinden was es heißt, wenn eine Frau Opfer ist. Diese Empfindung ist zunächst nur intellektuelle Koketterie, aber diese heutige Situation ist konkretes Nachempfinden. Mein Mitleid und mein Engagement für solche geopferten Frauen wird steigen. Sie werden von mir nicht den Eindruck haben, daß ich beliebig und austauschbar bin, daß ich für mich Warencharakter habe; weil ich so redselig und so selbstbestimmt bin, aber dennoch soll die heutige Situation ein Stückweit die kommerzielle Warenwelt simulieren, in der wir leben und in die wir einbezogen sind.

Wir alle haben uns soweit entwürdigt und entwürdigen lassen, daß nur noch das an uns interessant ist, was Nutzen hat.

In der Arbeitswelt werden unsere Fähigkeiten soweit reduziert, daß wir möglichst effektiv arbeiten können, ein jedes Darüberhinaus wird als schädlich und gefährlich erachtet. Nur was sich zu Geld machen läßt, ist interessant.

Als Menschen benutzen wir uns gegenseitig zu unterschiedlichem Nutzen: als Sexualobjekte, als Tanzpartner, als austauschbare Partner. Das Leben kennt nur noch Höhepunkte, die Tiefen sind verpönt.

Im Augenblick nehmen Sie Interesse an mir, weil es so schön ist, eine nackte Frau zu betrachten, aber wer von Ihnen nimmt Interesse an meinen Schmerzen, an meinen Ängsten, an meiner Krankheit.

Solange mein Leib noch Anlaß und Quell lustvoller Gedanken ist, nehmen Sie gern Anteil und schauen hin, aber wenn er einmal siech und krank ist, wer kümmert sich noch um mich, wer pflegt mich?

Dieses Stück ist ein Appell - und mehr kann es nicht sein - zur Neuordnung der Welt.

Es soll keine Opfer mehr geben in dieser Welt. Das Interesse der Menschen aneinander soll tiefgründig sein, alles umfassen, was Menschsein ausmacht, aber aussparen das, wobei einzelne zu Opfern werden.

Eine solche Welt muß die Scham suchen und entwickeln. Dies ist mein Appell, der allerdings von Ihnen umgesetzt werden muß. Dafür bin ich Opfer geworden, um Ihnen drastisch zu sagen, daß es keine Opfer mehr geben soll.

Frauen, werdet selbstbewußt: Fallt nicht mehr auf Geilheiten herein, die kein existentielles Fundament haben. Verachtet die, die nur an Eurem schönen Anblick interessiert sind, aber nicht an Eurer Person als ganzes. Sucht nicht mehr den one-night-stand oder die sogenannte sexuelle Selbstbefreiung. Das sind doch alles nur männliche Selbstbedienungsläden. Lernt erkennen, daß eine dauerhafte Beziehung zu einem Menschen mehr Zukunft hat als wechselnde Beziehungen.

16

Nur der und die kennt einen Menschen richtig, der und die sich einläßt, potentiell und nach Möglichkeit lebenslang, auf nur einen Menschen mit allen Höhen und Tiefen.

Es mag schön sein, sich eine Zeitlang fremden Blicken zu öffnen, sei es einem kurzfristigen Partner, sei es einem Fotografen. Aber die Folgen, da seid gewarnt, stellen sich früher oder später ein, als ein böser Schatten, der über dem Leben liegt wie eine Bedrohung.

Scham ist das tunliche Vermeiden von Alpträumen, soweit es in unserer Macht steht.

Männer, die im pejorativen Sinne "Männer" sind, haben unsere Welt geschaffen, es sind Techniker, Naturwissenschaftler, Ingenieure und Architekten. Sie haben uns in der Hand.

Der konkrete Mann Deiner Partnerschaft, liebe Mitfrau, kann ganz anders sein, viel weicher, partnerschaftlicher, sanfter, ja viel femininer als ein "richtiger" Mann. Aber faktisch die Macht haben die Macher, die Unsensiblen, die Utilitaristen, ja und die Voyeure.

Die wollen alles nach Nützlichkeitskriterien ordnen, aber gleichzeitig soll für sie noch genug an Lusterfüllung übrigbleiben.

Das sind die Egoisten, Karrieremacher, Technokraten; einige davon sitzen auch hier unter uns.

Frauen, versucht sie zu ändern! Sie zerstören uns und wenn sie sich nicht ändern lassen, dann verlaßt sie, so schwer es auch fallen mag.

Der Autor dieses Monologs liebt die Frauen, weil sie potentiell so sanft sind, daß die Welt erstrahlen könnte und wiederbelebt werden könnte durch diese Sanftheit.

Leider sind so viele Frauen schon vermännlicht. Setzt diesem Trend ein Ende, Ihr Mitfrauen, und besinnt Euch auf Eure Wurzeln.

Ein Mittel der Sanftheit ist die Scham. Wißt, Ihr Frauen, daß Ihr schön seid und werft den Anblick Eures Leibes nicht weg für die vage Tröstung einer Nacht oder den hoffnungslosen Wunsch nach Ruhm oder für zweitrangige Interessen.

Daß ich Euch dies sage und dabei nackt bin, ist dramaturgische Paradoxie. Nur so begreift Ihr diese Botschaft. Indem Ihr Zeuginnen werdet meiner Bloßstellung, sollt Ihr Euch Eurer vermeidbaren Bloßstellungen bewußt werden.

Und so will ich Euch Eure sieben Bloßstellungen jetzt benennen und Euch bitten, sie ab sofort zu vermeiden. Dies ist nicht ein moralischer, sondern ein politischer Appell, da er bei Befolgung die Welt verändern wird:

Eure schlimmste Bloßstellung ist es, Eure Körper zu Werbezwecken benutzen zu lassen, als Kaufanreiz für ein Parfüm, für eine Seife oder für irgendwelchen anderen Nippes. Oder als Aufreißer für eine Illustrierte. Gönnt den Männern nicht diesen Sieg über Euch, verweigert Euch. Erkennt, wie kostbar Eure Leiber sind, zu kostbar, um sie unter die Säue zu werfen.

Eure zweite Bloßstellung ist es, einem Euch fremden Menschen sexuelle Hingabe zu gewähren. Oft würdet Ihr ihn hassen, wenn Ihr ihn auch nur ein bißchen kennen würdet, aber dennoch schlaft Ihr mit ihm. Das ist doch pervers. Macht Euch einen Menschen doch erst vertraut, lernt ihn kennen, bevor Ihr ihm Euer Kleid öffnet.

Eure dritte Bloßstellung ist es, Euch einem männlichen Frauenarzt anzuvertrauen. Erstaunlich ist es, daß sogar weitblickende Feministinnen noch keinen Volkssturm gegen diese Instanz der Voyeure und kalten Technokraten entfacht haben. Wir brauchen kein Berufsverbot für männliche Gynäkologen, aber wir brauchen eine massenhafte Verweigerung ihrer sogenannten Dienste. Seid schamhaft, Ihr Mitfrauen, seid Euch bewußt, wie kostbar Eure Leiber sind.

Die vierte Bloßstellung Eurer Leiber findet statt zu angeblichen künstlerischen Zwecken, wie auch ich Euch nackt gegenübertrete als angebliche Kunstdarbietung. Verweigert Euch dem Ansinnen der sogenannten Künstler, die Euch nackt darstellen wollen, weil sie selbst sich Meriten verdienen wollen und selbst die große Absahne anstreben. Seid schamhaft, Ihr Mitfrauen, seid Euch bewußt, wie kostbar Eure Leiber sind.

Die fünfte Bloßstellung, deren ich Euch zeihe, ist, daß Ihr ohne weiteres die von männlichen Technokraten vorgegebenen Strukturen und Angebote annehmt und Euch nicht verweigert: nämlich die riesigen Gemeinschaftsduschen, die gemischten Saunen, die Ferienparadiese, die Amtsärzte! Seid schamhaft, Ihr Mitfrauen, seid Euch bewußt, wie kostbar Eure Leiber sind.

Eure sechste Bloßstellung ist das Nehmen der Pille. Auch diese Erfindung ist eine Selbstbedienungseinrichtung der technokratischen Männer! Verweigert Euch ihr! In einer guten Beziehung ist es schön, miteinander zu schlafen, ist es auch schön, sich gegenseitig zu befruchten, miteinander Frucht zu zeugen! Aber auch gut ist es, wenn Ihr Frauen lernt, Euch zu verweigern, wenn Euch nicht "danach" ist! Warum geben männliche Wissenschaftler an, welche Beischlaffrequenz normal ist. Sagt selbst, wie oft Ihr es gern habt und sagt es mit aller Konsequenz. Und sagt auch, daß die Liebe etwas Geistiges ist und sich nicht daran messen läßt, wie oft Ihr nachgebt. Seid schamhaft, Ihr Mitfrauen, dosiert Eure Sexualität nach **Eurem** Gusto. Seid Euch bewußt, wie kostbar Eure Leiber sind!

Eure siebte Bloßstellung, Ihr Mitfrauen, ist es, schönen Worten zu trauen und Euch von Machos verführen zu lassen, die Euch nur als weitere Kerbe auf ihrem Colt zählen wollen. Mißtraut den Machos, sucht Euch den lebenslangen, sensiblen, partnerschaftlichen, sanften Mann. Seid schamhaft, Ihr Mitfrauen, seid Euch bewußt, wie kostbar Ihr seid!

Das ist meine Botschaft von den sieben Bloßstellungen!
Eine Bloßstellung, der ich selbst unterliege, werde ich jetzt beenden lassen. Wie Ihr seht, wird mir von einem ausgewiesen sanften Mann gerade meine Kleidung gebracht!
Während ich mich also hier anziehe und damit konsequent meine Selbstaufopferung beende, steht für eine Zeitlang diese grell beleuchtete Bühne offen für diejenigen unter Ihnen, die sich womöglich selbst mal dem gewiß schrecklichen Gefühl, fremden Blicken ausgesetzt zu sein, unterziehen wollen.
Ich verabschiede mich! Der Anblick meines Leibes, das weiß ich gewiß, wird Sie für das gedul-

dige Zuhören entschädigt haben. Denn auch mein Leib ist kostbar.

Hanns und die Anderen
Dialogische Überlegungen zur Scham

Dieses kleine Theaterstück ist für die kleine Bühne gedacht, z.B. Malersaal. Es handelt von der Scham. Ich denke, daß es den Schauspielern, die es realisieren, sehr viel abverlangt, weil die Dialoge m.E. sehr schwierig sind und weil sie bereit sein müssen, während längerer Sequenzen nackt zu sein. Das Theater der Nacktheiten ist zwar vorbei, aber dieses Stück ist ja auch, indem es Nacktheit darstellt, dennoch ein solches für die Scham.

1. Szene
Hanns Zimmer:
Ein möbliertes Zimmer mit Bett, Tisch, Stühlen, Kleiderschrank, Waschbecken, Kochnische, sehr vielen Büchern.
Hanns liegt im Bett und schläft. Das Zimmer ist dunkel. Hanns ist, wie später zu sehen sein wird, entweder nur mit Unterhose oder besser noch gar nicht bekleidet.

24

Es läutet.
Hanns erwacht und macht Licht an.

Hanns: Wer da?

Briefbotin: Die Post.

Hanns *(ohne sich anzukleiden)*: Moment! Ich öffne!
Er öffnet.
Briefbotin *(offensichtlich sehr irritiert)*: Ich habe hier einen Einschreibbrief für Sie.

Hanns: Ja, bitte. Geben Sie her.

Briefbotin: Aber wollen Sie sich nicht anziehen?

Hanns: Ach ja, das hab ich ja komplett vergessen. Ich muß Ihnen gestehen, daß sie neben meiner Mutter und meiner Freundin erst die dritte Frau sind, die mich so sieht. Ob Sie's glauben oder nicht, normalerweise bin ich sehr schamhaft. Aber nun, nachdem Sie mich jetzt so sehen, wie gefalle ich Ihnen?

Briefbotin: Das ist mir alles sehr peinlich. Bitte nehmen Sie Ihren Brief, unterschreiben Sie hier und lassen Sie mich gehen.

Hanns: Ja, aber wirklich. Ich weiß nicht, wie Sie zu diesem Privileg gekommen sind, aber es ist jedenfalls ein Privileg und es könnte durchaus sein, daß es keinen weiteren Menschen außer Ihnen mehr geben wird, dem dies gewährt wird. Meine Philosophie ist nämlich, daß in einem Blick sehr viel Macht liegt, vielleicht die Macht par excellence, und daß Sie in diesem Moment Macht über mich haben. Das braucht Ihnen nicht peinlich zu sein, sondern mir sollte vielmehr diese Problematik von Macht und Wehrlosigkeit schmerzhaft bewußt sein. Ich habe Ihnen mit blindem Vertrauen Einblick in die Absolutheit meiner Leiblichkeit gewährt und körperliche Nacktheit ist nur ein Synonym für Nacktheit an sich.

Briefbotin: Entschuldigen Sie, ich verstehe Sie nicht. Ich hab noch mehr zu tun und muß jetzt gehen. Bitte unterschreiben Sie die Eingangsbestätigung.

Hanns unterschreibt.
Briefbotin geht ab. Hanns kleidet sich an.
Es läutet. Hanns öffnet. Susanne tritt ein.

Susanne: Morgen, mein Schatz. Wie hast Du geschlafen?

Hanns: Recht gut, aber zuwenig.

Susanne: Ich wundere mich schon, daß Du schon wach bist und dazu schon fertig angezogen.

Hanns: Noch nicht lange, noch nicht lange. Aber davon später mehr. Erstmal frühstücken wir jetzt. Hast Du die versprochenen Brötchen mit?
Susanne: Na, klar! Hier sind sie!

Hanns: Dann koche ich erst mal Kaffee.

Macht sich in der Kochnische zu schaffen.

Susanne: Ach, weißt Du eigentlich, daß ich mich entschieden habe?

Hanns: Ehrlich?

Susanne: Und weißt Du auch wie?

Hanns *(ängstlich):* Ich hoffe, es zu wissen.

Susanne: Genau. Ich habe mich für Dich entschieden.

Hanns *(glücklich):* Das ist ja wunder-, wunderbar. Ach Susanne, Du machst mich zum glücklichsten Mann der Welt. Ich habe eigentlich nicht mehr damit gerechnet. Aber sag mir doch, was Dich dazu bewegt hat?

Susanne: Ach, ich find Dich einfach super. Du bist irgendwo doch mein Traummann.

Hanns: Aber, ich Dein Traummann? Ich bin doch intellektuell verschroben, hin- und hergerissen zwischen Transzendenz und Anarchie, kaum fä-

28

hig, ein sogenanntes wirkliches Leben zu führen, sondern ich bevorzuge doch allemal eher das Chaos als die Ordnung. Sieh Dir doch nur allein dies Zimmer an und so weiter. Ich weiß gar nicht, ob ich fähig sein werde, eine verbindliche Beziehung zu einem Menschen zu betreiben. Ich bin total im Zweifel. Aber trotzdem sage ich Ja zu Dir, ein Ja ohne irgendein Nein, ein großes, großes Ja.

Susanne: Das freut mich. Ich denke immer, ich bin Dir viel zu grau, zu unbedeutend, zu wenig intellektuell, um für Dich reizvoll zu sein. Schließlich bin ich nicht einmal schön.

Hanns: Du, das Schönsein ist immer nur relativ. Für mich bist Du die Schönste, ich denke, wenn ich an Frauen denke, immer nur an Dich. Ich schlürfe Deine Äußerlichkeit in mich hinein, ich liebe Deinen Charakter, Deine Kompliziertheit. Ach, Du bist einfach mein kostbares Kleinod. Ich möchte Dich vor aller Welt verstecken, weil Du so wertvoll für mich bist, oder aber Dich allen zeigen, weil ich so stolz darauf bin, Dich zu haben.

Susanne: Irgendwie redest Du auf eine Weise von mir, bei der ich mich gar nicht wiedererkenne. Ich bin doch so furchtbar unbedeutend.

Hanns: Du kennst doch sicher aus der Bibel das Wort: Liebe Deinen Nächsten wie Dich selbst. Ich brauche das Gefühl, daß Du bereit bist, Dich selbst zu lieben. Ich gehe mal davon aus, daß Dich der Schöpfer, der Herr über alles, so geschaffen hat wie Du bist. Du mußt stolz auf Dich sein, denn wenn Du das nicht bist, kannst Du mich als Deinen Nächsten auch gar nicht lieben, denn dann bin ich derjenige, der Dein Therapeut ist, der Dir zeigt, daß Du liebenswert bist, weil Du es selbst für Dich nicht annehmen kannst. Ich bin aber sicher, daß unsere Beziehung dann von Anfang an den falschen Drill kriegt. Ich will, daß Du weißt, daß Du liebenswert bist, dann können wir zusammen kommen. Ansonsten könnte ich Dir nur jemand sein, der Dich in Deinem eigenen Selbsthaß, in Deiner Selbstzerstörung bestärkt, aber eine Liebesbeziehung wäre es nicht. Nur, wer sich selbst annehmen und lieben kann, ist zu einer Liebe zu einem anderen fähig.

Susanne: Gut gebrüllt, Löwe. Aber wo in mir soll ich diese Selbstliebe denn finden, bzw. woher soll ich sie nehmen, wenn sie nicht da ist.

Hanns: Dabei will ich Dir - soweit ich kann - helfen, aber immer nur, damit Du selbst auf Dich guckst, nicht indem Du meine Sicht annimmst.

Susanne: Na, dann fang mal an.

Hanns: Das kann ich nicht jetzt aus dem Stegreif leisten, sondern das ist ein Prozeß, der durch unser Jasagen zueinander eingeleitet worden ist. Ich brauche nur von Dir die Zusage, daß Du Dich annehmen wirst.

Es läutet. Hanns öffnet. Christian betritt die Szene.

Christian: Seid ihr gerade beim Frühstücken? Habt ihr noch einen Kaffee übrig?

Hanns: Klar!

Räumt einige Bücher vom Tisch weg und wirft sie aufs Bett.

Hanns: Na, was macht das Studium?

Christian: Es geht langsam voran. Doch ich komm eigentlich, um zu fragen, ob Du Bock hast, heut Abend ne Runde Skat mit uns zu spielen. Karl kommt auf jeden Fall.

Hanns: Ach, ihr immer mit eurem Skatspielen. Ich mag diese extrovertierten Beschäftigungen eigentlich gar nicht. Irgendwie suche ich in mir nach etwas, teilweise habe ich es schon gefunden, aber teilweise bin ich noch auf der Suche. Im Augenblick habe ich auch noch ein anderes Objekt, bzw. eine Person, um die alle meine Gedanken kreisen, Susanne hat sich nämlich für mich entschieden.

Christian: Erzähl hier nicht son Gedöns, sondern sag jetzt, ob Du kommst oder nicht!

Hanns: Sag mal, Susanne, wollen wir den heutigen Abend verbringen?

Susanne: Nein, Du weißt doch, daß ich heute meinen Gitarrenkurs habe.

Hanns: Na, gut, Karl, dann komm ich!

2. Szene
Bei Krischan

Auch Krischan wohnt in einem möblierten Zimmer. Das Bühnenbild der 1. Szene kann imgrunde insoweit bestätigt werden, außer daß evtl. ein paar Details verändert werden. Krischan ist eine Frau und ihr Zimmer ist evtl. etwas "weiblicher", was immer das auch heißen mag.
Krischan, die eigentlich Christiane heißt, befindet sich im Bad. Man hört dies am Wasserrauschen.
Es läutet. Krischan betritt im Bademantel die Szene und öffnet die Tür, Hanns und Karl treten ein.
Hanns: Tach, Krischan, hier sind wir.

Krischan: Wieso, hier sind wir? Sind wir verabredet?

Hanns: Du wirst ja wohl noch wissen, daß wir heute das letzte Philosophieseminar nachbereiten wollten, oder?

Krischan: Ich habe euch eigentlich gar nicht erwartet, aber das macht nichts! Ich muß mich nur kurz umziehen!

Sie entledigt sich ohne Umstand ihres Bademantels, damit ist sie nackt. Sie hat es nicht sonderlich eilig, sich anzuziehen. Gleichzeitig vermeidet sie jeden Blickkontakt. Sie sucht umständlich im Schrank nach Kleidung.

Hanns: Du, sollen wir nicht solange rausgehen?

Karl: Deine Art, Dich uns hier zu präsentieren, ist fürwahr etwas unkonventionell.

Krischan: Ach, stellt euch nicht so an. Ich bin ja bald fertig.

Sie legt eine sanfte Platte auf und stellt sich provozierend auf.

Krischan: Oder bin ich etwa nicht hübsch? Müßte ich mich schämen? Wie gefalle ich euch?

Hanns: Na, natürlich bist Du hübsch. Aber ich weiß nicht, ob wir es wert sind, Dich so anzuschauen. Irgendwie denke ich, dieser Anblick steht einem anderen zu, aber nicht uns. Ehrlich gesagt, es ist mir recht unbehaglich, wenn Du hier so nackt Dich präsentierst, obwohl Du uns doch nur so kurz oder fast gar nicht kennst.

Krischan: Siehst Du mich denn nicht gern an?

Hanns: Ja, doch, das schon! Ich denke dabei auch weniger an mich, als an Dich. Ich denke dabei an die besondere Macht des Blicks. Wie denunziatorisch er ist, wie entwürdigend, wie er wehrlos macht. Nicht umsonst haben die miesen Nazischergen zumal ihre weiblichen Opfer am allerstärksten damit gedemütigt, daß sie sie gezwungen haben, sich vor ihren Blicken nackt auszuziehen.

Krischan: Da sehe ich aber wirklich keinen Zusammenhang. Wenn ihr jetzt meine physische Gestalt seht, dann weiß ich, daß sie auch Männern Freude bereitet. Ich fühle mich gut dabei. Ich sehe gut aus, ich liebe meinen Körper, ich bin jung und gesund, Körper, Seele und Geist sind eine Einheit, zu der ich stehe. Ich bin in diesem Moment die hohe Priesterin der Liebe und des Genusses. Ich sehe in euren Blicken die Bewunderung und die Begehrlichkeit. Ihr seid für mich verfügbar, ich bin im Triumph. Ich weihe Euch ein in die Schönheit meiner Entität, die so gewollt ist, von wem auch immer. Es ist absolut keine Niederlage, die ich hier und jetzt erlebe, sondern ein Sieg, ein Sieg!

Hanns: Das ist es ja gerade. Diese miese französische Idee von der Gleichheit aller Menschen. Ich bin einmalig, Du bist einmalig. Jeder ist der Sieg einer unwiderruflich einmaligen Idee. Wenn Du in das Werk von Kant eindringen willst, mußt

Du Dir Mühe geben, mußt sehr viel lesen, mußt nachdenken, mußt vergleichen, wägen, nachvollziehen usw., d.h. Du mußt Dir extrem viel Mühe geben. Jede Idee muß umkämpft werden, bevor sie erschlossen ist. Im Dritten Reich hat man psychologisch genau gewußt, welche Bedeutung die Nacktheit hat. Übrigens weiß man das in allen Diktaturen, auch unter Stalin wußte man dies. Lies den Archipel Gulag. Was ich sagen will: Man wußte damals noch von der Macht des Blickes in Bezug auf Nacktheit, die nachgerade ein Synonym ist für die Aneigung von einer Idee, von etwas Einmaligem. Nacktheit, sofern sie der Liebe und der aufrichtigen Fürsorge sich präsentiert, ist in Ordnung, ist heilig. Aber dem denunziatorischen Blick gegenüber stellt sie sich dar als Ohnmacht, als Untergang. In Bezug auf Dich heißt das, daß Du Dich uns gegenüber ein Stückweit aufgegeben hast, daß Du uns etwas geschenkt hast, was uns nur im Falle der Liebe und der Zuneigung zugestanden hätte. Wir haben dadurch, daß wir Dich nackt sahen, einen Einblick in Deine äußerste Intimität erhalten, Du hast uns etwas gewährt, was Du nur einem Liebenden gewähren solltest. Doch dieser Prozeß ist irreversibel. Wir haben nichts investiert, uns nicht engagiert. Du jedoch hast auf ein unbestimmtes Vertrauen hin sehr viel von Deiner Integrität weggegeben, ohne etwas Bestimmbares dafür erhalten zu haben.

Karl: Hanns, Du bist in Deinen Ansichten wirklich wieder mal sehr extrem. Ich bring das ganze doch auf eine viel niedrigere Plattform, nämlich daß Krischan uns hier eine Gaudi bereitet hat. Ich spür schon, wie sich in meiner Hose was regt. Ich bin sehr angeregt und empfinde lustvolle Gefühle. Und ich denke, soweit geht das in Ordnung.

Krischan: Es ist wirklich ein Geschenk, das ich euch mache. Bitte denkt nicht schlecht von mir. Im Grunde wollte ich diese extreme Situation, Besuch zu haben und sich anziehen zu müssen, nur auf eine möglichst unverkrampfte Art lösen. Ich meine, es ist schon wahr, daß ich mich nackt wohl fühle, ich habe dazu ein sehr unverkrampftes Verhältnis. Das kommt aus meinem Elternhaus. Folgende Geschichte möchte ich Euch erzählen.....

Sie beginnt in folgender Reihenfolge sich anzuziehen: Socken, Slip, BH, Pulli, Jeans.

...mein Vater war schon lange FKK-Anhänger. Von Beruf war er Lehrer. Er unterrichtete an einem Mädchengymnasium. Wie der Zufall es wollte, fuhr eine von den Klassen, die er unterrichtete, eine Gruppe von etwa 20 Mädchen im Alter von 14-16 Jahren in die Sommerfrische nach Sylt, wo just zu diesem Zeitpunkt auch mein Vater seine Ferien verbrachte. (Meine Mutter war nicht dabei, da sie den FKK-Kult ablehnt). Ich war dabei, ca. 6 Jahre alt. Also mein Vater stand nackt am Strand, als seine Klasse von der Klassenlehrerin einmal um Sylt herumgeführt wurde. Natürlich kam es zu dieser unvermeidlichen Begegnung zwischen meinem nackten Vater und der Lehrerin und den Mädchen, die natürlich alle voll bekleidet waren. Mancher hätte vielleicht mit rechtzeitiger Flucht auf diese Extremsituation reagiert, anders mein Vater. Gut gelaunt und jovial begann er ein Gespräch über alle möglichen Belanglosigkeiten. Die Frau Kollegin war total irritiert, wußte nicht, wohin blicken und wie sie ihre Mädchen vom Hinblicken abhalten sollte. Die Mädchen kicherten verschämt und tuschelten, fanden die Situation teils peinlich, teils spannend, teils lustig. Zwei Schülerinnen zogen sich ihrerseits nackt aus, was von ihrer Lehrerin wegen der Ambivalenz der Situation gar nicht getadelt werden konnte. Es wurden jede Menge Fotos gemacht, alle wollten meinen nackten Daddy mit nach Hause nehmen. Unter anderem gibt es ein Klassenfoto mit 2 nackten Mädchen und einem nackten Lehrer, umgeben von artig bekleideten Schülerinnen. Natürlich gab es zuhause jede Menge Ärger für meinen Vater. Überall in der Stadt kursierten die Bilder, eines erschien sogar im Heimatblättchen. Mein Vater kriegte ein Disziplinarverfahren, wurde strafversetzt und degradiert, aber er fand bis zuletzt die ganze Affäre lustig.

Karl: Das ist ja wirklich eine extreme Geschichte, nahezu bühnenreif oder besser noch: filmreif. Ich wüßte wirklich nicht, wie ich reagiert hätte.

Hanns: Ich denke dabei an ein Wort von Illies, der gesagt hat, Schamlosigkeit ist Schwachsinn.

3. Szene
Wirtshaus.
Sehr einfach - schlichtes Wirtshaus mit Holztischen/- Stühlen. Im Hintergrund recht viel buntes Volk.

Hanns, Karl, Rosi, Susanne und Christel betreten die Szene. Christel ist ziemlich betrunken. Draußen regnet es kräftig, so daß alle 5 ziemlich naß geworden sind.

Karl: Ist das ein Sauwetter! Kurt, bitte 5 Eisbrecher!

Kurt (*der Wirt*): Jawoll!

Christel (*lallend*): Meine Hose ist ja völlig naß, die muß ich mal über den Heizkörper hängen.

Karl: Christel, nun hör auf mit dem Quatsch. Du kannst doch hier in aller Öffentlichkeit nicht Deine Hose ausziehen.

Christel: Ach, warum denn nicht. Oder haben Sie (*sie wendet sich an 3 junge Handwerker am Nebentisch*) was dagegen, daß ich meine Hose ablege?

Maurer: Och, nee. Von mir aus auch gerne noch mehr.

Christel (*schäkernd*): Das könnte Ihnen wohl so passen.

Zieht ihre Hose aus und hängt sie über den Heizkörper. Karl versucht sie zunächst zu hindern, setzt sich dann aber resignierend.

Karl: Wenn Du ein bißchen Alkohol getrunken hast, verlierst Du aber jede Selbstbeherrschung...! Du weißt ganz genau, daß ich solche Entblößungen nicht liebe!

Christel: Red nicht so einen Quatsch. Wie Du siehst, hab ich immer noch genug an! Und die Männer hier haben auch ihren Spaß. Schließlich haben die auch noch nicht soviele promovierte Historikerinnen gesehen.

Tischler: Was sind Sie?

Christel: Ich habe in Geschichte promoviert. Ich bin eine Expertin der deutsch-türkischen Geschichte, leider trotzdem arbeitslos.

Maler: Und eine starke Frau bist Du auch.

Christel: Ach, gehen Sie! Sie wollen mir ja nur schmeicheln.

Maler: Nein, im Ernst. Dein Typ da weiß ja gar nicht, was er an Dir hat!

Christel: Das sag ich ja auch immer!

Karl: Wenn sich das Gespräch weiter in diesen Bahnen bewegt, gehe ich!

Kurt bringt die Getränke.

Kurt: Na, Christel, ich glaube, Du hast heute genug getankt!

Christel: Laß mich, Kurt! Ich unterhalte mich doch nur mit diesen Männern!

Karl: ...und Du geilst sie auf!

Tischler: Na, nun mal halblang, soviel ist nun auch nicht zu sehen.

Karl: Das hättet ihr wohl gern! ... eine Akademikerin vernaschen mit euren Blicken.

Maler: Ach was Akademikerin, wahrscheinlich sehen die sowieso viel langweiliger aus als unsereiner.

Karl: Da könnt ihr denken, was ihr wollt, aber erleben werdet ihr es nicht.

Christel: Sprich hier nicht für mich, Karl! Schließlich bin ich hier herausgefordert worden!

Tischler: Klar, mach ihn fertig! Du bist sowieso viel fescher als Dein Macker!

Christel: Das sagen Sie ja nur so!

Tischler: Aber nein!

Maler: Und Deine Freundinnen, was machen die so?

Christel (*stellt vor*): Die Blonde da mit den langen Haaren ist Rosi. Sie ist Ärztin. Und die kleine Dunkle mit den ganz kurzen Haaren ist Ernährungswissenschaftlerin.

Maler: Oh ha, das sind ja ganz schöne Kaliber an Frauen.

Karl: Christel, ich bitte Dich letztmalig: Hör jetzt auf, solche Gespräche zu führen!

Christel: Und ich bitte Dich letztmalig: Laß mich in Ruhe!

Hanns: Nun streitet euch doch nicht! Wir wollen doch sowieso gleich nach Hause, sobald es aufhört zu regnen. Hier ist es schön warm und mollig, da werden wir ganz schnell warm und trocken, sollt mal sehen! Prost!

Hebt sein Glas, alle anderen trinken auch!
Christel wird zusehends noch betrunkener.

Christel: Ich glaube, Karl hat ein total irreales Bild von mir. Nur weil ich ein Uni-Studium durchlaufen habe, stellt er mich so hoch wie eine Ikone. Dabei bin ich trotz allem ein ganz normales Mädchen.

Karl: Du bist überhaupt kein Mädchen, sondern eine erwachsene Frau. Außerdem gelingt es nicht allzu vielen Menschen, einen Doktor zu machen.

Christel: Aber Du problematisierst alles. Ich will ganz leicht und locker leben, einfach nur just for fun. Aus meiner Geschichtsbetrachtung weiß ich, wie wenig im Grunde die ganzen behaupteten Standesunterschiede bedeuten. Und ob ich mich hier mit einfachen Menschen unterhalte oder nicht, tut meiner Würde keinen Abbruch.

Karl: Du kannst Dich unterhalten, mit wem Du willst. Darum geht es überhaupt nicht; nur diese gewisse Frivolität, die Du hier an den Tag legst, mißfällt mir. Oder wie findet Ihr das hier (*wendet sich an die anderen*)

Hanns: Mir ist ganz kribbelig. Ich möchte einfach nicht unbedingt mit Handwerkern oder so in so einer lockeren Art umgehen. Ich weiß ganz genau, daß die und mich Welten trennen und bei dieser Trennung soll es auch bleiben. Und daß Du, Christel, hier in aller Öffentlichkeit Deine Hose ablegst, finde ich reichlich daneben.

Christel: Nun spiel hier bloß nicht den Moralpriester! Wenn ich will, kann ich mich noch weiter ausziehen und auch das geht Euch nichts an.

Karl: Mich geht es insofern etwas an, als ich dann gehen muß und mit Dir brechen werde!

Christel: Ach, auf so dünnem Fundament ruht unsere Beziehung.

Susanne: Was heißt hier dünnes Fundament. Hanns und ich sind uns einig, daß wir Zufallsbekanntschaften nicht so stark finden und außerdem sind wir beide recht schamhaft. So was wie Du hier würde ich auch nicht machen. Merkst Du nicht, wie es Karl verletzt?

Rosi: Nun mal halblang. Eine gute Beziehung muß doch ein ungeheures Maß an gegenseitiger Freiheit aushalten können. Sogar Untreue, sogar Schamlosigkeit.

Christel: Gut, Mädchen, genauso denke ich auch. Gerade in Extremsituationen beweist sich, wie gut eine Beziehung ist.

Karl: Daß ich mit Dir sowohl Höhen als auch Tiefen durchleben will ist klar. Und Extremsituationen halten wir miteinander aus. Das haben wir schon oft bewiesen. Aber beschissen finde ich es, wenn Du unsere Beziehung nur aus einer betrunkenen Laune heraus riskierst. Oder wenn Du Dich aus Suff heraus wegwirfst.

Christel: Wieso wegwerfen! Ich sitze hier in meinem Höschen und hab auch noch Socken und Pullover an. Gleich ist meine Hose wieder trocken. Dann ziehe ich sie wieder an und alles ist o.k.

Susanne: Ich für mein Teil bin auch naß, aber ich denke, am Körper trocknet es am besten.

Kurt bringt neue Getränke: Schnäpse!

Kurt: Von den Jungs nebenan, besonders für Euch Frauen!

Handwerker *(prosten zu):* Also, zum Wohl! Damit Euch warm wird.

Hanns: Kurt, bring uns bitte noch ne Runde Eisbrecher!

Susanne: Du bist verrückt. Sieh Dir doch Christel an, die hat doch sowieso schon viel zu viel getrunken.

Christel: Tuschelt nicht über mich. Ihr seid mir schon ein langweiliger Verein. Nur Rosi gefällt mir.

Sie schweigen eine Weile, bis Kurt die nächste Runde bringt.

Hanns: Diese Runde ist von mir! Also Prost!
Sie stoßen an.

Christel: Ich fühl mich eben nicht wohl in diesen nassen Klamotten und hier ist es so schön warm.

Karl: Dann laß uns ein Taxi bestellen und nach Hause fahren

Christel: Ach, das dauert ja so lange, bis der Wagen kommt und dann müssen wir auch noch gut eine dreiviertel Stunde fahren!

Karl: Was schlägst Du dann stattdessen vor...!

Christel: Wir fünf ziehen uns alle aus und trocknen unsere Kleidung.

Karl, Susanne, Hanns *(empört):* Hör doch endlich auf mit dem Quatsch!

Christel: Nee, im Ernst. Wenn wir alle das machen, dann ist es doch nur halb so schlimm.

Karl: Bestell Dir bloß einen Kaffee, damit Du wieder nüchtern wirst. Ich erkenn Dich gar nicht wieder.

Christel: Ach, Du Scheiß-Langweiler. Von wegen Kaffee.
(*ruft*): Kurt, noch fünf Doppelkorn!

Kurt: Jawoll. Kommt gleich.

Karl: Nun übertreib es wirklich nicht. Du bist ja vollkommen verrückt.

Christel: Ich bin viel weniger verrückt, als ihr alle glaubt. Mir ist nur kalt und naß und das ist keine moralische Frage.
Kurt bringt die Schnäpse.

Christel: Kurt, hast Du wohl ein frisches Handtuch für mich?

Karl: Was soll das denn?

Kurt: Na klar, ich brings Dir gleich!

Karl: Christel, hör jetzt auf mit dem Mist!

Christel: Laß mich! Ich will nur mein Haar trocknen!

Hanns: Es wird hier zusehends gemischt. Komm, Susanne, laß uns gehen!

Susanne: Nur noch einen kleinen Augenblick. Der Regen ist schon weniger geworden.

Kurt bringt ein Badehandtuch und noch 3 Korn.

Kurt: Ein Handtuch, die Dame, und noch 3 Korn (*für die Damen)* auf Kosten des Hauses.

Christel: Ich danke Dir!

Christel beginnt, ihre langen Haare zu trocknen.

Karl: Ich bin froh, wenn wir hier wieder weg sind. Aber einen können wir noch.
(*ruft:)* Kurt, noch fünf halbe Liter Bier!

Kurt: O.k., geht gleich raus.

Christel beginnt den Pullover auszuziehen, darunter hat sie ein Hemd.

Karl: Also Christel, ich warne Dich: Hör jetzt auf, sonst gehe ich!

Maler: Mach weiter, Mädchen, weiter so!

Christel: Ja, Jungs, Euch gefalle ich!

Sie zieht recht kokett das Hemd aus und ist jetzt nur noch mit Höschen und BH sowie Socken bekleidet.

Karl: Christel, ich warne Dich zum letzten mal!

Hanns: Ja, ehrlich, Christel, nimm doch Vernunft an!

Tischler: Hört doch auf zu labern, ihr Sesselfurzer. Laßt doch das Mädchen ihre Gaudi haben. *Christel zieht die Socken aus.*

Beifall vom Nebentisch und von den anderen Gästen, die langsam neugierig werden und sich näher drängen.
Christel nestelt an ihrem BH herum und wirft ihn schließlich von sich.

Karl: Jetzt reichts! *(stürzt aus dem Lokal!)*

Christel: Na, wie gefallen Euch die Brüste einer Historikerin.

Tosender Applaus.

Tischler: Aber nun keine halben Sachen, nun wollen wir alles sehen!

Hanns: Kurt, bitte zahlen!

Christel: Nun bleibt doch!

Susanne: Dein Auftritt ist abstoßend. Du machst Dich richtig billig.

Rosi: Nun laßt sie doch, sie wird sich schon wieder beruhigen! Ein bißchen Exhibitionismus steckt doch in jedem von uns!

Christel: Na klar, und nun sollt ihr mich ganz sehen.

Zieht auch das Höschen aus.
Wiederum tobender Applaus.
Kurt kassiert bei Hanns.
Hanns und Susanne gehen.

Christel: Na geht doch, ihr Spießer! Geht doch!

Sie setzt sich wieder, die Menge zerstreut sich, einige Gäste gehen.

Tischler: Und nun will ich auch die andere Akademikerin sehen. Du hast mir gut gefallen, aber die andere ist ja auch gut im Fleisch.

Kurt tuschelt im Hintergrund mit den anderen Gästen herum, die darauf hinausgehen, bis zuletzt - außer Christel und Rosi - nur noch die 3

Handwerker und Kurt sich im Lokal befinden. Dies vollzieht sich nach und nach. Als alle andern Gäste das Lokal verlassen haben, schließt Kurt ab. Christel und Rosi kriegen davon nichts mit.

Rosi: So billig kriegst Du es nicht!

Tischler: Was muß ich zahlen!

Rosi: Zieh Dich selbst erstmal aus, bist ja ein gutaussehender Mann. Das kann ich als Ärztin durchaus beurteilen!

Tischler zieht sich demonstrativ "männlich" aus.

Christel: *(sehr betrunken)*: Mann, Du bist gut und hast so einen schönen großen Schwanz. Wenn Du willst, kannst Du mich haben.

Sie steht abrupt auf und zeigt sich dem Tischler nochmals von allen Seiten.

... und Du, willst Du mich auch? Na, regen tut sich ja noch nichts *(sie berührt seinen Penis)*!

Tischler: Doch, ich nehm Dich! Ich brauche Dich als Kerbe auf meinem Revolver!

Er zieht sie mit hinter die Theke, schiebt Kurt von dort weg und beide legen sich hin. Man hört dort lustvolle Laute. Es klopft an der Eingangstür, erst leise, dann immer heftiger.

Kurt: Wir haben geschlossen!

Hanns *(hinter der Tür)*: Laß mich rein, Kurt, ich will die beiden Frauen abholen!

Kurt öffnet, läßt Hanns herein.

Hanns: Hallo, Rosi. Wo ist denn Christel?

Rosi (bleich und entsetzt, zeigt auf die Theke): Da!

Hanns geht zur Theke, faßt sich beim Anblick dessen, was sich dort tut, entsetzt an den Kopf.

Hanns *(verzweifelt)*: Ich habe es befürchtet. Was ist das für eine vertrackte Welt. Ich bin der Philosoph der Scham,weil ich ahne, daß da, wo Scham ignoriert und vernichtet wird, die Wahllosigkeit beginnt, die Selbstvernichtung. Oh schnöde neue Welt, in der jede Achtung des einen vor dem anderen verlorengeht, wohin willst Du fahren?
Daß Du doch bald zugrundegingest...!

Er stürzt aus dem Raum, Rosi hinter ihm her.

Rosi: Warte, auch ich will fliehen!

4. Szene
Bei Hanns.
Wie in der 1. Szene. Susanne und Hanns sitzen beim Frühstück, Susanne strickt, Hanns liest Zeitung. Es klopft, Susanne geht zur Tür, um zu öffnen. Christel tritt herein.

Susanne: Das hatten wir nicht erwartet, Dich noch mal zu sehen.

Christel: Warum denn nicht?

Susanne: Dein Verhalten von gestern hat doch unsere Wege irgendwie schon getrennt.

Christel: Ich weiß auch nicht, was mit mir los war. Ihr wißt ja, daß mich der Alkohol ziemlich verändert.

Hanns: Und wie ist die heutige Katerstimmung? Ich meine weniger die körperliche...!

Christel: Ach, weißt Du, es war zwar etwas unüberlegt, was ich gestern getan habe, aber noch lange kein Anlaß, den moralischen Zeigefinger zu heben.

Susanne: Na, sag mal: Bereust Du gar nichts? War das alles o.k., was Du so getan hast?

Christel: Wieso bereuen. Solche Taten sind zu banal, als daß man anschließend über sie brüten müßte.

Hanns: Und Karl? Was sagt der?

Christel: Der ist furchtbar sauer, aber das renkt sich wieder ein. Ich hab ja eine eigene Geschichte, partiell berühren sich unsere Geschichten, aber im wesentlichen bin ich ein autonomer Mensch.

Susanne: Aber die Sexualität ist doch nicht wie Zigarettenrauchen...!

Christel: Wieso, mehr ist sie doch auch nicht!

Hanns: Das ist doch Schwachsinn, was Du hier faselst. Außerdem: Was ist mit Dir geschehen, ich kenne Dich gar nicht wieder. Bis gestern wolltest Du noch mit Karl alt werden, ihr wart sogar so etwas wie eine symbiotische Beziehung. Und jetzt gilt dies alles nicht mehr.

Christel: An meiner Bereitschaft, mit Karl alt zu werden, hat sich nichts geändert, aber er wird akzeptieren müssen, daß dies nicht unbedingt auch sexuelle Treue meint.

Susanne: Und Du glaubst, Eure Beziehung wird solche Ereignisse wie gestern aushalten!

Christel: Und wenn ich mich nackt auf den Boden einer Diskothek legte und sämtliche anwesenden Männer mich vögelten, hätte das Karl dennoch egal zu sein.

Hanns: Wie ich Karl kenne, wird ihn das, was Du eben gesagt hast, in ziemliche Verzweiflung stürzen. Schon die geringsten Ereignisse machen ihn doch sicher fertig...! Er himmelt Dich doch an.
Christel: Das ist es ja eben. Er ist mir viel zu sicher. Ich kann seinen treuen Blick nicht mehr ertragen. Das macht mich krank. Er ist ja anhänglich wie ein Hund.

Susanne: Ist es nicht schön, wenn in einer Beziehung einer dem anderen vertrauen kann? Weil Liebe und Zuneigung da sind. Heute schlafen sogar die zusammen, die sich hassen würden, wenn sie sich kennten. Aber ihr hattet bisher eine ausdiskutierte und positive Beziehung. Ihr kennt Euch doch gegenseitig bis in die Substanz. Ist das nicht zehnmal besser als so eine öde Bumserei mit einem Tischler?

Christel: Natürlich könnte ich mit einem Tischler nicht zusammenleben. Wofür haltet ihr mich? Da ist substantiell nicht das geringste Mindestmaß an Gesprächsstoff. Aber bumsen will ich schon mit so einem. Was ist denn dabei?

Hanns: ...weil es ekelig ist, wenn Sexualität und geistiges gemeinsames Fundament getrennt werden. Ich wollte nie mit einer Frau verkehren, mit der ich zwar gestern Sex hatte, aber weder vorher noch nachher reden könnte. Eine Ehe - und ich sage bewußt Ehe, nicht Beziehung - ist so gut wie die Gespräche, die man miteinander führt, nicht der Sex ist ausschlaggebend. Wenn emotional und intellektuell alles in Ordnung ist, dann klappt auch der Sex, nicht andersrum.

Christel: Ach Du dummer dogmatischer Hanns! Wenn die Welt nicht nach Deinen Dogmen läuft, dann ist etwas falsch, oder? Ich will Dir mal was sagen: Natürlich ist Karl ein guter Liebhaber, ich habe mich nie beschwert und war auch zufrieden. Und unsere vielen, vielen Gespräche sind für mein Leben essentiell, ich finde sie nachgerade unentbehrlich, aber dennoch hatte ich auf sexuellem Gebiet immer ein Verlangen nach mehr.

Susanne: Aber Schamlosigkeit ist Schwachsinn. Ich glaube nicht, daß irgendein Mann mit Deinen Forderungen und Deinem Verhalten klarkommt. Schon in den gestrigen Ereignissen steckt manches Irreversibles. Und die Katerstimmung folgt, das garantiere ich Dir!

Christel: Ach, ihr seid Euch ja wohl sehr einig.

Hanns: Eines ist ja wohl klar, daß wir für den Fall, daß es zwischen Karl und Dir zum Bruch kommt, daß wir dann auf seiner Seite stehen, weil wir Dein gestriges Verhalten mißbilligen und zwar scharf mißbilligen.

Christel: Na, dann weiß ich ja, woran ich bin...!

Sie stürzt aus dem Zimmer.

Hanns: Wie hat sie sich nur verwandelt. Welch einer irrlichternden Ideologie hängt Sie an!

Susanne: Ich bin sicher, daß dieser Verstoß gegen geistige Gesetze sich über kurz oder lang rächen wird. Am besten ist es, wir bewahren Geduld.

Hanns *(nimmt sie in den Arm)*: Es ist gut, daß wir beide so innig miteinander sind, so harmonisch und so solidarisch. Ich könnte nie ertragen, wenn Du Dich in ähnlicher Weise aufführtest wie Christel gestern. Gerne gewähre ich Dir absolute Freiheit, weil ich sicher bin, daß für Dich, wie für mich, Freiheit nicht eine Freiheit von etwas ist, sondern auf etwas hin: nämlich auf unsere immer weitergehende Verschmelzung. Du weißt, ich hänge dieser Idee der Eheperson an: Zwei Ehepartner sollen lernen, so sehr miteinander sich einig zu werden, daß sie letztendlich nur noch eine Person sind und das ohne Verlust, sondern erst mit dem Erreichen der Freiheit.

Susanne: Ja, Hanns, auch an diesem Strick ziehen wir gemeinsam.

Es klopft erneut.
Hanns öffnet, Karl tritt ein.

Hanns: Eine Überraschung kommt selten allein.

Karl: War Christel schon hier?

Susanne: Ja, ihr habt euch fast die Klinke in die Hand gegeben.

Karl: Und was sagt sie?

Hanns: Sie redet seltsame Dinge von der absoluten sexuellen Freiheit, die sie Dir abverlangt. Aber dennoch meint sie, mit Dir lebenslang zusammensein zu wollen.

Karl *(niedergeschmettert)*: Ich begreife das nicht! Auf einmal liegt alles zerstört, was für mich bedeutsam war. Sie war für mich bisher der wertvollste und liebevollste Mensch, jetzt hat sie alles zerstört, was uns verband.

Hanns: Habt ihr denn nie über diese Form des Zusammenlebens, das ihr offenbar vorschwebt, gesprochen?

Karl: Nie. Und wie soll denn überhaupt nach den gestrigen Ereignissen ein Gespräch oder eine Beziehung noch möglich sein. Das ist doch jetzt alles beendet.

Hanns: Ja, ich habe mir schon gedacht, wie Du Dich fühlen wirst und wie es Dich aufwühlen wird.

Karl: Sie hat ja nicht nur ihr, sondern auch mein Leben vernichtet. Denn was bin ich ohne sie? Aber andererseits: Durch ihre gestrigen Taten hat Christel das Fundament unserer Beziehung zerstört. Es ist ein Teufelskreis. Ich bin ganz verzweifelt.

Susanne: In uns wirst Du auf jeden Fall Freunde behalten. Wir verurteilen Christels Verhalten auch und verstehen es nicht. Diese heutige Art, sich jeweils nur als Konsumartikel wahrzunehmen, können Hanns und ich mitnichten nachvollziehen.

Wir sind uns jeweils wertvoll. Schön werden wir nur durch den Blick des jeweils anderen, der erfüllt ist von Liebe. Natürlich könnte ich mich auch vor Dir ausziehen, aber Du würdest an meinem Leib nur oberflächliches Interesse nehmen. Etwas ähnliches ist Christel gestern auch widerfahren, aber sie realisiert es noch nicht. Aber ich bin sicher, ihr wird relativ schnell klar werden, daß die Gespräche und das, was zwischen euch an Gemeinsamkeit entstanden ist, ihr schmerzlich fehlen werden. Nur dann ist es zu spät.

Hanns: Ich finde Scham so wichtig. Mein ganzes Leben werde ich einsetzen, um ihr den Sieg zu geben. Allüberall denken und planen die Techniker und Voyeuristen. Uns vorgegebene Strukturen gaukeln uns vor, daß wir im Prinzip alle gleich sind. Und daß ein liebevoller, sehnsüchtiger Blick auf den anderen lächerliche Romantik ist. Auch sich zu genieren gilt als lächerlich. Dabei ist der schamhafte Mensch viel eher stolz und selbstbewußt, weil er sich nicht anpasst, sondern wider alle technokratische Vernunft den Adel seines individuellen Soseins trägt. Weißt Du, Susanne und ich werden uns dieser modernen Welt nicht fügen. Wir leben und achten die Treue, wir bewahren Scham als unsere schönste Blume. Wir sind zu stolz, um wahllos zu sein.

Susanne: Gerade bei der Partnerwahl ist Rationalität so wichtig, damit Du Dir selbst das Fundament zubereitest, auf dem Du lebst. Wieviele sexuelle Beziehungen sind auf Grund vollkommen irrationaler Entscheidungen, also praktisch wahllos, entstanden. Die können keinen Bestand haben. Mein Ideal war immer, einen Mann für ein ganzes Leben zu haben. Und ich bin sicher, nur die Frau versteht die Männer, die eine aufrichtige lebenslange Beziehung oder - um mit Hanns zu sprechen, Ehe - mit nur einem Mann eingeht; und natürlich trifft das umgekehrt auch für die Männer zu. All diese ekligen Stammtischgespräche, wer denn nun wen wieder vernascht hat, sind doch in Wirklichkeit das Eingeständnis, das eigene Leben in diesem Bereich nicht organisieren zu können.

Hanns: Ich danke Dir, Susanne, für Dein klares Plädoyer. Es ist wichtig zu begreifen, daß uns diese kalte Warenwelt entwürdigen will, sie will uns in den Bereich der Austauschbarkeit hinabziehen. Jedes Aufleuchten von Individualität soll möglichst sofort zum Erlöschen gebracht werden. Jeder Mann oder jede Frau, die sich für wertvoll halten, sollen systematisch vereinzelt und isoliert werden. Jeder, der nicht mitspielt und nicht selbst Konsumobjekt sein will, gilt als krank. Und die Strukturen stehen bereit, um im Sinne von Befehl und Gehorsam die Aufmüpfigkeit zu testen: Der Amtsarzt, der, wenn wir nackt vor ihm stehen, angeblich nur seinen rein wissenschaftlichen Blick auf uns richtet, oder der Frauenarzt, der Psychotherapeut, die ganze administrative Hierarchie. Überall Testbereiche für unsere Bereitschaft zur Selbstaufgabe. Die Werbung kreiert den Typus der jungen, dynamischen Frau, stets auf Sexualität gepolt, statt den wertvollen Typus der Partnerin und Mutter. Die Sportstätten stellen Massenduschen bereit, weil das ja ganz praktisch ist und Scham nur schadet. Der männliche Masseur, der die

Frauen knetet, hat ja auch nur seine Arbeit im Blick. Der Pornoproduzent hat auch nur humanitäre Anliegen im Sinn. Ach, was für eine schamlose Welt.

Karl: Der Dogmatiker Hanns spricht mal wieder. Teilweise hast Du ja wirklich recht, aber übertreib doch bloß nicht so schrecklich.

Hanns: Ich übertreibe nicht, ich könnte mühelos noch mehr Beispiele für Schamlosigkeiten aufzählen. Scham ist Adel, Schamlosigkeit dagegen führt zum Untergang über den Weg des Schwachsinns.

Karl: Gut gebrüllt, Löwe.

- Ende -

Von Hanns-Diethelm Blunck ist bereits erschienen:
IN SCHWERER SEE ZUHAUSE, Spontanlyrik, 108 S., DM 22,90

"Manchmal läßt mich ein Satz einfach nicht mehr los"

Hanns-Diethelm Blunck hat es geschafft: Nach 30 Jahren literarischer Aktivitäten tritt er nun vom kleinen Örtchen Bütlingen aus mit seinem ersten Werk an ein großes Publikum. (...) Liebe, Religion und Existenzschwere sind die Themen, die den Vater von fünf Kindern seit jeher am meisten beschäftigen und die er auch in seinen Gedichten verarbeitet hat. (...) Als praktizierender Buddhist (sucht er) Antworten auf die Existenzfrage. (...) "Man wird gesetzter, wenn man ein bürgerliches Leben führt", sagt der Angestellte des Arbeitsamtes in Hannover, und ein bißchen Wehmut schwingt in seiner Stimme mit. (...) Die neueste Ausdrucksform, die er für sich entdeckt hat, sind Theaterstücke und Drehbücher.

Elbe-Geest-Wochenblatt, 26.10.1994

Gedacht, gefühlt, zu Gedichten verdichtet

In keiner literarischen Gattung tritt das Ich des Autors so direkt zutage wie im Gedicht. Trotzdem oder gerade deswegen drängt es viele dazu, Gedanken und Gefühle in lyrische Form zu gießen. Zwei Autoren mit Lüneburg-Bezug haben in jüngerer Zeit Gedichtbände herausgegeben.

Der ungewöhnlichere Beitrag kommt von Hanns-Diethelm Blunck. "In schwerer See zuhause" heißt sein Band. Spontanlyrik nennt Blunck, der 1972 in Lüneburg sein Abi baute und Philosophie, Germanistik, Psychologie und Pädagogik in Hamburg und Lüneburg studierte, sein Schreibkonzept.

Dichten ist ihm "passives lauschen auf von außen oder vielmehr von innen gegebenes". Lyrik soll aber auch Mittel sein, "zum Bewußtsein höherer vorgänge und welte zu gelangen". Die meist kurzen Texte pendeln zwischen Aggression und Angst, Todes- und Liebessehnsucht. Die Sprache ist manchmal geschliffen, manchmal

72

von unergründlichem missionarischem Eifer getrieben. Deutlich wird, daß sich hier einer viel von der Seele schreibt.

Landeszeitung f. d. Lüneburger Heide v. 28/29.01.95